HAMBURG INNEN

HANS MEYER-VEDEN

Die Liebe allein versteht das Geheimnis, andere zu beschenken und dabei selbst reich zu werden.

Zum 36. Hochzeitstag mein Butje.

In Liebe
Dein Strolch

16. Febr. 1996

HAMBURG INNEN

HANS MEYER-VEDEN

Essay

Frank R. Werner

Ernst & Sohn

Verlag für Architektur und technische Wissenschaften GmbH Berlin
Ein Unternehmen der VCH Verlagsgruppe
A member of the VCH Publishing Group

ISBN 3-433-06425-0

Idee, Konzeption und Gestaltung/
Idea, Concept and Design:
Hans Meyer-Veden, Hamburg

Übersetzung ins Englische/
Translation:
Michael Robinson, London

Reproduktionen/
Reproductions:
Karl Findl & Partners GmbH & Co. KG, Icking

Satz/
Type-setting:
SiB Satzzentrum in Berlin GmbH, Berlin

Druck/
Printing:
Heenemann GmbH & Co., Berlin

Bindearbeiten/
Binding:
Leipziger Großbuchbinderei GmbH, Leipzig

Herstellung/
Production:
Fred Willer

Geschichten aus dem „Bauch der Stadt"
Ein Produktionsversuch städtischer Wahrnehmung

„Die Stadt ist nur scheinbar gleichförmig. Sogar ihr Name nimmt verschiedenen Klang in den verschiedenen Teilen an. Nirgends, es sei denn in Träumen, ist noch ursprünglicher das Phänomen der Grenze zu erfahren als in Städten. Sie kennen heißt jene Linien, die längs der Eisenbahnüberführung, quer durch Häuser, innerhalb des Parks, am Ufer des Flusses entlang als Grenzscheiden verlaufen, wissen; heißt diese Grenzen wie auch Enklaven der verschiedenen Gebiete kennen. Als Schwelle zieht die Grenze über Straßen; ein neuer Rayon fängt an wie ein Schritt ins Leere; als sei man auf eine tiefe Stufe getreten, die man nicht sah."

(aus: Walter Benjamin, Gesammelte Schriften, Das Passagen-Werk, Bd. V-1, Frankfurt 1982)

„Wir bewohnen", schrieb Max Bense im Jahre 1949, „keine Landschaften und Gärten, keine Häuser am sanften Hang oder auf der leichten Dünung, wir bewohnen ein Netz von sichtbaren und nicht sichtbaren Funktionen und Relationen, Strukturen und Aggregaten aus Metallen und künstlichen Steinen, die sie Dörfer, Städte, Staaten und Kontinente genannt haben."[1] Fast könnte man meinen, Hans Meyer-Veden habe es nachgerade zu seiner Lebensaufgabe gemacht, eben diese Funktionen und Relationen, Strukturen und Aggregate am Beispiel einer, „seiner" Stadt Hamburg nämlich photographisch aufzuspüren. Waren die Blickwinkel-Expeditionen seiner „recherche curieuse" bislang bautypologisch, städtebaulich oder bauhistorisch ausgerichtet, so begibt sich Meyer-Veden im vorliegenden Band in Anlehnung an einen Romantitel Emile Zolas gleichsam in den „Bauch" der Stadt. Während Zolas Roman „Le Ventre de Paris" aus dem Jahre 1873 jedoch weniger das Pariser Stadtleben an sich, als vielmehr die Markthallen als exemplarischen Bestandteil, oder besser gesagt als ausgewählte Schaubühne, für die Romanhelden eben dieses Stadtlebens thematisierte, geht es Meyer-Veden eher um das Gegenteil. Er blickt hinter die Kulissen, nicht nur hinter die des Theaters, sondern hinter alle möglichen Oberflächen Hamburgs, hinter bzw. unter denen sich binnenräumliche Prägungen aufspüren und darstellen lassen.
Volker Klotz bemerkt in seiner Anthologie „Die erzählende Stadt" eher beiläufig: „Wer in der Stadt lebt, ist von ihr geprägt. Und diese Prägung zu erfassen, mit allem, was sich daraus aktiv und passiv ergibt, verlangt nicht zuletzt, daß das Prägende selber gründlich erfaßt werde. Die sinnliche Erscheinung der Stadt so gut wie die Gesetze, nach denen sie funktioniert. Das erstreckt sich von der äußerlich gegenständlichen Zone über die konkret gesellschaftliche, wirtschaftliche und politische bis zur kulturellen Zone. Also von ... den Hockern und Sesseln der Stuben und Salons, über die Verästelungen der Gruppen und Klassen ... bis hin zu den Bedingungen und Wirkungen von Presse, Theater- und Bilderausstellungen."[2] Die in dieser Passage angesprochene „Erfassung des Prägenden" war zwar bereits in allen anderen Bespiegelungen des „Hamburgischen" durch Meyer-Veden spürbar. Aber nie zuvor erfolgte sie derartig verschlüsselt, derartig „surreal", um einen Begriff zu verwenden, auf den ich später zurückkommen werde. Und nie zuvor beschränkte sich das forschende Auge bzw. der durch die Kameralinse gespiegelte und reflektierte Blick derartig konsequent auf einen Parcours durch Hamburgs Innenräume. Ein Parcours, der es freilich in sich hat! Denn er oszilliert nicht nur zwischen profan und sakral, historisch und zukünftig, hermetisch und diffundierend, sondern auch zwischen befreiend und bedrückend, diaphan und kryptisch, erhaben und banal, unterhaltsam und schweigend. Die einzig verbindende Klammer bleibt Meyer-Vedens Beschränkung auf öffentlich zugängliche Räume im weitesten Sinne des Wortes. Wohl nicht von ganz ungefähr findet sich in dem vorliegenden Raum-Kompendium beiläufig „versteckt" eine Aufnahme der Bibliothek des Warburg-Instituts in Hamburg. Denn spricht diese Aufnahme nicht in doppelter Hinsicht Bände? Fritz Saxl, der seinerzeit als Nachfolger Aby Warburgs dessen Bibliothek leiten und weiterführen durfte, hat rückblickend einmal geäußert: „Das Studium der Philosophie war für Warburg untrennbar von dem der sogenannten primitiven Mentalität: Beide konnten nicht isoliert vom Studium der Bildformen in Religion, Literatur und Kunst gesehen werden. Diese Ideen hatten ihren Ausdruck in der unorthodoxen Anordnung der Bücher in den Regalen gefunden."[3] Spiegelt sich eine ähnlich „unorthodoxe Anordnung" von Bildern nicht auch oder gerade in der vorliegenden, imaginären Raumbibliothek des photographischen Ethnologen bzw. ethnologischen Photographen Hans Meyer-Veden wider? Wenn die Tristesse des „Un-Raums" unter einer Autobahntrasse mit derjenigen eines aufgegebenen Tanzlokals, wenn die latente Bedrohlichkeit einer menschenleeren U-Bahnstation mit der barocken Beredsamkeit eines Kirchenraums, wenn die Dämmrigkeit eines sich in der Finsternis verlierenden unterirdischen Abwasserkanals mit der scheinbar grenzenlosen Diaphanie eines ordinären Gewächshauses kombiniert wird, dann verfolgt der Schöpfer dieser Bilder ein höchst konkretes Ziel, wobei er uns unaufhörlich vor Augen führt, daß die vermeintlich „falschen Fährten" die eigentlich richtigen sind. „Indem wir die innere Verfaßtheit (Anm.: der Szenarien der Vergangenheit) untersuchen, mag es uns vielleicht gelingen, etwas von ihrem Geist zu bewahren."[4] Die zweifelnde Hoffnung, welche der Historiker Leonardo Benevolo mit diesen Worten zum Ausdruck bringt, scheint für den photographischen „Spurensucher" Hans Meyer-Veden regelrecht Verpflichtung gewesen zu sein: Verpflichtung zur Darstellung der inneren Verfaßtheit Hamburgs, nicht um eines vordergründigen L'art-pour-l'art-Effektes willen, sondern um in Zeiten rasanter Veränderungen und Zerstörungen etwas von dem Geist dieser Stadt zu bewahren. Der Blick Meyer-Vedens spielt hierbei selbstredend die entscheidende Rolle.
„Der *geübte Blick* paßt sich ohne bewußte Kontrolle an Bewegungsformen des Meeres oder den Schichten und Verwerfungen der Felsen an, folgt unaufgefordert der Flugbahn des Albatros, die er mitzuvollziehen vermag wie die Beine einen Tanzrhythmus, den wir bis zur Bewußtlosigkeit geübt haben. Solche Wahrnehmung ist eben Begegnung mit der Mitwelt. Sie kann niemals als Feststellung von Tatsachen vollzogen werden, sondern nur in dem Gestus des sich in den anderen Versetzens. Wahrnehmung kann schon deshalb in vielen Fällen nicht einfach *feststellen*, weil sie im zeitlichen wie logischen Sinne vorgreift."[5] Analog zu diesen Überlegungen Rudolf zur Lippes kombiniert Meyer-Veden unter Zuhilfenahme seines „geübten Blicks" gestrige, heutige und morgige Raumzustände gleichsam im Zeitraffer zu einem Vorgriff auf eine mögliche Strukturanalyse des „Bauchs von Hamburg". Hinsichtlich der Qualitäten der damit angesprochenen Strukturen gibt uns Rudolf zur Lippe erneut aufschlußreiche Hinweise, wenn er konstatiert: „Strukturen sind nicht plötzlich da, sondern bilden sich, das heißt, sie sind genau das, was eine Geschichte bis jetzt hervorgebracht hat, und sie bedingen Möglichkeiten und Grenzen von Fortsetzung und Veränderung genau so, wie diese Geschichte sie hervorgebracht hat. In den Strukturen lagern sich entsprechend auch Rhythmen und Brechungen ab, die den Fortgang dieser Geschichte geprägt haben."[6] Gewinnen wir beim Durchblättern des vorliegenden Bandes nicht auf Anhieb den Eindruck, als sei es Hans Meyer-Veden kommensurabel darum gegangen, eine strukturelle Historie des Themas „Hamburg von innen" nachgerade anhand von prägenden Brechungen und nicht etwa anhand eines prallen Portfolios voll des schönen Scheins aufzuzeichnen? Der surreale Effekt (ich hatte ihn bereits vorhin angesprochen), welcher sich durch das scheinbar chaotische „Floating" seiner Bilder in Raum und Zeit einstellt, ist hierbei nichts anderes als ein schlüssiger, letztendlich auch kulturphilosophisch belegbarer Kunstgriff. Denn „wie die Wissenschaft die natürliche Weltanschauung längst

überwunden hat", stellte Max Bense bereits vor Jahrzehnten fest, „so hat mit dem Surrealismus auch die Kunst die natürliche Weltanschauung überwunden. Der Realitätsbereich ist vergrößert um Bereiche, die gewissermaßen weder wissenschaftlich noch künstlerisch in die natürliche Weltanschauung fallen. Die Gegenstände und die Verknüpfung der Gegenstände dieses neuen Realitätsbereiches sind äußerst daseinsrelativ gegeben, um Schelers Ausdruck zu verwenden. Sie sind nur surrealistisch gegeben. Denn wenn es eine Möglichkeit gibt, jede Art von Surrealismus zu kennzeichnen, so nur dadurch, daß surrealistische Realität als effektiv daseinsrelative Realität verstanden wird."[7] Gibt es wirklich etwas, was auf den vorliegenden Band besser zuträfe, als dieser Terminus der „daseinsrelativen Realität"?

Wenn aber das Stichwort „Realität" fällt, dann stellt sich zwangsläufig die Frage nach kulturgeschichtlichen Aspekten der Aneignung von Wirklichkeit, die Frage nach dem Wahrheitsgehalt solcher Wirklichkeitsneigungen oder die Frage nach den daraus abzuleitenden Verhaltensweisen. Zu stellen sind derart komplexe Fragen allerdings weniger um ihrer selbst willen, sondern weil sie Hans Meyer-Veden auf dessen Exkursion durch die „Eingeweide Hamburgs" intuitiv begleitet, ja vielleicht sogar angeleitet haben mögen.

Um die erste und einfachste Frage zu beantworten, sei darauf verwiesen, daß es eine regelrechte moderne kulturhistorische Tradition gibt, gebaute Innen- und Außenräume als Mittel zur Aneigung von Realität darstellend zu begreifen. So weist Thomas Kellmann in seiner wichtigen Studie „Architektur und Anschauung" meines Erachtens zu recht darauf hin, daß Architektur als ein Mittel zur spielerischen Aneignung von Wirklichkeit erstmals von Dagobert Frey auf den Punkt gebracht worden sei. „Wie schon Sörgel", fährt Kellmann fort, „der den eigentlichen ästhetischen Genuß durch Begriffe wie ‚Raumstimmung', ‚Raumgefühl', ‚Raumerlebnis' und ‚Raumempfindung' in den Akt der Wahrnehmung verlagerte, betont auch Frey die Bedeutung der ‚Raum-Zeit-Relation' von Subjekt und Objekt."[8] Zusammenfassend kommt Kellmann später zu dem Schluß, daß sich gerade im 20. Jahrhundert die Erweiterung des Anschauungsbegriffs, mithin die Aneignung von Wirklichkeit am Beispiel der Architektur bzw. der architektonischen Räume, exemplarisch nachvollziehen lasse. Meyer-Vedens Bildfolge „Hamburg Innen" steht mithin in der aufklärerischen Tradition der Emanzipation des modernen Raumbegriffs.

Was die zweite Frage nach dem uns Betrachter tangierenden Wahrheitsgehalt derartiger Wirklichkeitsaneignungen, noch dazu solcher per Kameraobjektiv, betrifft, so muß die Antwort zwangsläufig eine zwiespältige sein. Denn „das Aufscheinen der Wahrheit", stellt einer der wichtigsten Geisteswissenschaftler der Gegenwart fest, „bedeutet immer eine Zerstörung des Wertes oder Zerstörung des kulturellen Werkes, das diese Wahrheit zugänglich macht. Denn die Wahrheit stellt einen vor die unmögliche Wahl zwischen absolutem Sinn und totaler Sinnlosigkeit, wobei beide das Werk überflüssig machen. Erst in der Ordnung der Signifikation bekommt die Werthierarchie ihre Gültigkeit. Und erst in der Ordnung der Signifikanten kann die Frage nach dem Signifikanten, des Präsenten, des Neuen, des Aktuellen, des Wahren, des Sinnvollen, des Authentischen, des Unmittelbaren gestellt werden. Die Innovation besteht nicht darin, daß etwas zum Vorschein kommt, was verborgen war, sondern darin, daß der Wert dessen, was man immer schon gesehen und gekannt hat, umgewertet wird."[9] Und daß Hans Meyer-Veden im vorliegenden Band kaum etwas anderes tut, als „Signifikanten" neu zu „ordnen" (wenn auch auf surreale Art und Weise) und längst gesehene Dinge, in diesem Fall natürlich Räume, „umzuwerten", das wird wohl niemand infragestellen wollen. Daß es hierbei freilich auch für Photographen, welche wie Meyer-Veden aus Passion der Aneignung von städtischer Wirklichkeit auf der Spur sind, mitunter zu Umwertungen kommen kann, welche gleichsam von außen kommen, gleichwohl aber den ganzen Wahrnehmungsprozeß von Wirklichkeit geradezu auf den Kopf stellen, hat Walter Benjamin in einer sehr eindringlichen Metapher über die Anmutungsqualitäten dämmriger bzw. die Unsichtbarkeit erleuchteter Räume zum Ausdruck gebracht: Passagen – sie strahlten ins Paris der Empirezeit als Feengrotten. Wer 1817 die Passage des Panoramas betrat, dem sangen auf der einen Seite die Sirenen des Gaslichts und gegenüber lockten als Ölflammen Odalisken. Mit dem Aufblitzen der elektrischen Lichter verlosch das unbescholtne Leuchten in diesen Gängen, die plötzlich schwieriger zu finden waren, eine schwarze Magie der Tore betrieben, aus blinden Fenstern in sich hineinschauten."[10] So wechselt auch das Licht in Meyer-Vedens Aufnahmen unaufhörlich, gleichsam in einer sorgfältigen Choreographie zwischen Gaslicht, Kronleuchter, Scheinwerfer und Sonnenlicht hin- und hereilend, mal horizontal in die Tiefe des Raums greifend, ein anderes Mal vertikal in Treppenhausschächte fahrend, aber nie theatralisch gestellt, sondern stets einer umgewerteten Art von Stadtwirklichkeit auf der Spur.

Die dritte und letzte Frage nach den aus diesen veränderten Wirklichkeiten für uns Stadtbenutzer eventuell abzuleitenden Verhaltensweisen ist am schwierigsten zu beantworten. Dies aber nicht etwa deshalb, weil Meyer-Vedens Blick auf Hamburg von „Innen" nicht mit unserer Sicht der Dinge zu vergleichen wäre, sondern ganz einfach deshalb, weil es nach den „Verhaltenslehren der Kälte", wie Helmut Lethen die abschirmenden, den Einzelnen weniger verletzbar machenden Vollzugsmodalitäten des städtischen Lebens in der Weimarer Republik genannt hat, weil seit dieser Zeit Wahrnehmung und Interpretation des Städtischen, auch oder gerade über dessen Innenräume im Argen liegen, sprich die Ausnahme gewesen sind. Bleiben wir aber noch einen Augenblick in der, bezogen auf unser Thema, so zwiespältigen Weimarer Republik. Denn dies ist die Zeit, in der kein Geringerer als Bertolt Brecht am Beispiel Hamburgs Bewohner wie Besucher regelrecht dazu auffordert, keinerlei Spuren vom Vollzug des Stadtlebens zu hinterlassen:

„Trenne dich von deinen Kameraden auf dem Bahnhof.
Gehe am Morgen in die Stadt mit zugeknöpfter Jacke
Suche dir Quartier und wenn dein Kamerad anklopft:
Öffne, o öffne die Tür nicht
Sondern
Verwisch die Spuren!

Wenn du deinen Eltern begegnest in der Stadt Hamburg oder sonstwo

Gehe an ihnen fremd vorbei, biege um die Ecke, erkenne sie nicht.

Zieh den Hut ins Gesicht, den sie dir schenkten.
Zeige, o zeige dein Gesicht nicht
Sondern
Verwisch die Spuren!

Iß das Fleisch, das da ist! Spare nicht!
Gehe in jedes Haus, wenn es regnet, und setze dich auf jeden Stuhl der da ist

Aber bleibe sitzen! Und vergiß deinen Hut nicht!
Ich sage dir:
Verwisch die Spuren!

Was immer du sagst, sag es nicht zweimal.
Findest du deinen Gedanken bei einem anderen: verleugne ihn.
Wer seine Unterschrift nicht gegeben hat, wer kein Bild hinterließ

Wer nicht dabei war, wer nichts gesagt hat
Wie soll der zu fassen sein?
Verwisch die Spuren!
Sorge, wenn du zu sterben gedenkst

Daß kein Grabmal steht und verrät, wo du liegst
Mit einer deutlichen Schrift, die dich anzeigt
Und dem Jahr deines Todes, das dich überführt!
Noch einmal:
Verwisch Deine Spuren!

(Das wurde mir gesagt.)

Den Worten Brechts zufolge sind nach Helmut Lethen „die neusachlichen Verhaltenslehren (Anm.: im Umgang mit der Stadt, ihren Räumen und ihren Bewohnern) an einem Nullpunkt angelangt, an dem sie freilich ein Maximum an Beweglichkeit verbürgen, so daß höchstens eine Wischspur auf der Grabplatte die Schnelligkeit des Verschwindens aufzeigt."[11] Seither hat sich doch, wie ich meine, vergleichsweise wenig an diesem Zustand geändert, hat der Mensch, wie auf den Aufnahmen Meyer-Vedens eindrücklich dargestellt, in der Tat immer weniger Spuren in städtischen Räumen hinterlassen, ist das Selbstbewußtsein des kreativ beobachtenden städtischen Flaneurs längst Legende. So hat die Historikerin Susanne Hauser sicher recht, wenn sie feststellt: „Das Selbstbewußtsein, das den Beobachtenden eigen ist, die die Stadt mit eigenen Augen und klaren Regeln für ihren Gebrauch anschauen, ist verloren: Um dieses Selbstbewußtsein wieder zu gewinnen, müssen die Objekte der Wahrnehmung nicht nur unter den Bedingungen bestimmter Regeln angeschaut werden, sie müssen gar produziert oder über Visionen gewonnen werden."[12] Meyer-Vedens „Hamburg Innen" leistet also, und dies darzustellen war mir eines der wichtigsten Anliegen dieses Textes, einen ganz außerordentlichen Produktionsversuch städtischer Wahrnehmung aus dem „Bauch der Stadt" heraus. Und was diesen Versuch vor vielen anderen auszeichnet, ist der Umstand, daß Hans Meyer-Veden nicht nur längst bekannte, sprich im weitesten Sinne historische Innenräume zu Gegenständen eines veränderten Wahrnehmungsverhaltens macht, sondern daß er auch in großer Zahl „Nicht-Orte" zu Objekten seiner ethnologischen „recherche curieuse" deklariert. Wohl eher unbewußt thematisiert er damit den „Nicht-Ort als den Raum der Übermoderne".[13] So verkörpern die Bahnhöfe, Lagerhallen, Flugzeughangars, Unterführungen, Schächte, Tunnels und die Fabrikationsstätten, welche so wirken, als habe man sie soeben erst verlassen, nicht etwa den bewußten Bruch oder gar eine Art von Antithese zu den historisch sakrosankten Innenräumen, sondern ebenso logische wie bildnerisch konsequent umgesetzte Ausweitungen seines Raumbegriffs. Hans Meyer-Veden gelingt es somit, innerhalb der großen Rahmenhandlung, die da „Hamburg Innen" heißt, eine Fülle weiterer kleiner Geschichten zu erzählen, wobei es ihm offenkundig darauf ankommt, die banale Ad-hoc-Episode neben den historischen Weltentwurf, die Sequenz permanenter Verdrängung eher beiläufig neben die heroische Geste, das eigentlich Nicht-Ausdrückbare neben das vordergründige Geschwätz zu setzen. „Hamburg Innen" mutiert mithin zum zeitgenössischen Sittengemälde, ja zum episch angelegten „Fotoroman" einer „Stadt in der Stadt".

Hans Meyer-Vedens bewußt anti-konsumptive Haltung erinnert an Giulio Carlo Argans Forderung, man müsse sich der Stadt als Konsumgut bzw. der Stadt als umfassendes Informationssystem mit dem Zweck, den größtmöglichen Konsum von Informationen zu regeln, gründlich verweigern. „Es geht also insgesamt darum", merkt Argan an, „dem Individuum die Fähigkeit zu erhalten oder zurückzugeben, das urbane Ambiente in einer Weise zu interpretieren und zu benutzen, die von den in der Ausrichtung des Plans impliziten Vorhaben abweicht, kurz, ihm die Möglichkeit zu geben, sich nicht zu assimilieren, sondern aktiv auf das Ambiente zu reagieren. Unbestreitbar besteht die Stadt aus Dingen, doch so wie wir die Dinge sehen, sind sie für unsere Wahrnehmung Bilder, und eines ist das Leben in der freien und wandelbaren Dimension der Bilder, ein anderes in der überfüllten, starren, beklemmenden und scharfkantigen Dimension der Dinge. Dies ist der Übergang von der Konkretheit und Härte der Dinge zur Beweglichkeit und Wandelbarkeit der Bilder. Schon in der Freiheit, nicht nur das Ding als Bild, sondern auch das Bild als Ding zu interpretieren, vollzieht sich in der Conditio humana eine Öffnung, die auf anderen Ebenen auch zu ethischen und politischen Entschlüssen befähigen kann."[14] Dieser von Argan empfohlene interpretative Umkehrschluß vom „Bild-Ding" zum „Ding-Bild" wird für mich in „Hamburg Innen" am eindrücklichsten veranschaulicht durch jene beiden Bilder, welche die weite, leere Halle des Klinkerwerks im ehemaligen Konzentrationslager Neuengamme abbilden. Denn nicht der doppeldeutige Horror vacui des weiten Hallenraums beunruhigt, sondern Stand-Spuren eines Gegenstands, eines Dings, einer Stütze. Spuren menschlicher „Tätigkeiten" im Raum sind es also, die beunruhigen, wie scheinbar zufällig in den Bildvordergrund eines der beiden Aufnahmen gerückt. Könnten das Fundamentspuren eines Verbrennungsofens sein oder anderer satanischer Installationen?

Was die Raumbetrachtung dann endgültig zu einem quälenden, weil den Betrachter zur aktiven Stellungnahme regelrecht zwingenden Vorgang macht, ist die Tatsache, daß die verrätselte Standspur im Vordergrund des einen Bildes auch noch „zufällig" die Grundrißfigur einer Kathedrale abgibt, während die andere Aufnahme (immer eingedenk des konkreten Bildinhalts) einen leeren Betonsockel gleichsam suggestiv als höhnische Paraphrase auf den Altar eines archaischen Heiligtums erscheinen läßt. Analog zu den Worten Argans, die ich wiederholen möchte, wird dem Betrachter hier die Möglichkeit gegeben, „sich nicht zu assimilieren, sondern aktiv auf das Ambiente zu reagieren".

Hans Meyer-Veden ist mit „Hamburg Innen" eine der eigenständigsten und aufregendsten, weil gleichermaßen affirmativen wie existentiell verunsichernden Expeditionen durch jenes labyrinthische Raumdickicht gelungen, welches allerorten hinter den beruhigend glatten Fassaden großer Städte lauert. „Hamburg Innen" reiht sich somit, obwohl „nur" einen Fotoband verkörpernd, selbstbewußt ein in die stattliche Reihe kritisch kreativer Großstadtkommentare von Bedeutung für das 20. Jahrhundert.

Frank R. Werner

Anmerkungen:

1 Max Bense, Technische Existenz, Stuttgart 1949, S. 191 f.
2 Volker Klotz, Die erzählte Stadt, München 1969, S. 194.
3 Fritz Saxl, zit. in: Udo Kultermann, Geschichte der Kunstgeschichte, München 1990, S. 202.
4 Leonardo Benevolo, Fixierte Unendlichkeit, Frankfurt/New York 1993, S. 111.
5 Rudolf zur Lippe, Jenseits der Eskalation, in: N. Bergelt u. H. Völckers (Hg.), Zeit-Räume, München/Wien 1991, S. 119.
6 ebenda, S. 102 f.
7 Max Bense, Konturen einer Geistesgeschichte der Mathematik, Hamburg 1949, S. 181.
8 Thomas Kellmann, Architektur und Anschauung, Münster/Hamburg 1992, S. 138.
9 Boris Groys, Über das Neue, München/Wiewn 1992, S. 13 f.
10 Walter Benjamin, zit. in: R. Tiedemann (Hg.), Walter Benjamin, Gesammelte Werke, Bd. V-2, Frankfurt 1982, S. 700.
11 Helmut Lethen, Verhaltenslehren der Kälte zwischen den Kriegen, Frankfurt 1994, S. 172.
12 Susanne Hauser, Der Blick auf die Stadt, Berlin 1990, S. 225.
13 vgl. hierzu: Marc Augé, Orte und Nicht-Orte, Vorüberlegungen zu einer Ethnologie der Einsamkeit, Frankfurt 1994.
14 Giulio Carlo Argan, Kunstgeschichte als Stadtgeschichte, München 1989, S. 267 f.

Stories from the "Belly of the City"
An Attempt to Produce Urban Perception

"The city is only apparantly uniform. Even its name can sound different in different areas. Nowhere, except perhaps in dreams, can the phenomenon of the border be observed as purely as in cities. Familiarity with its means knowing all those lines that form borderlines alongside railway bridges, straight through houses, in the park, along the bank of the river; it means knowing these borders as well as enclaves within the various districts. As a threshold the border crosses roads; a new district starts like a step into emptiness; it is like walking down a big step that you hadn't noticed."

(From: Walter Benjamin, Gesammelte Schriften, Das Passagen-Werk, vol. V-1, Frankfurt 1982)

"We do not live", wrote Max Bense in 1949, "in landscapes and gardens, nor in houses on gentle slopes, or on the rolling dunes, we live in a network of visible and invisible functions and relations, structures and aggregates of metals and artificial stones, and these we call villages, towns, states and continents."[1] One could almost suggest that Hans Meyer-Veden deliberately took on the photographic task of tracking down these very functions and relations, structures and aggregates, taking a single city as an example, his "own" city of Hamburg. Up to now his *recherche curieuse* has been focused on building typology, urban development or achitectural history, but in the present volume Meyer-Veden goes into the "belly" of the city, taking his idea from the title of a novel by Emile Zola. Zola's novel *Le Ventre de Paris*, dating from 1873, was not concerned with Parisian urban life as such, but took Les Halles as an exemplary component, or better as the stage for this city life chosen by Zola for the hero of the novel, but Meyer-Veden has precisely the opposite concern. He looks behind the scenes, not just in the theatre: he looks behind every possible surface in Hamburg behind or under which internal spatial character can be detected, and then represented.
In his anthology *Die erzählte Stadt*. Volker Klotz remarks as if in passing: "Anyone who lives in a town bears the mark it makes. If we are to grasp the nature of this mark, and everything that results from it actively and passively, we ultimately have to understand what produces the mark, the sensual appearance of the town as well as the laws by which it functions. This extends from the external, objective zone via the concrete social and political zone to the cultural zone. And so we move from ... stools and armchairs in parlours and salons, via the ramifications of the various groups and classes ... to the conditions and effects of press, theatre and art exhibitions".[2] The act of "grasping that mark" addressed in this passage can definitely be seen in all Meyer-Veden's other reflections of the "quality of Hamburg". But never before has it been so encrypted, so "surreal", to use a term to which I shall return later. And never before has the exploring eye or the view reflected through the camera lens restricted itself so consistently to a journey through Hamburg interiors. This journey clearly has a great deal to be said for it! It oscillates between the sacred and the profane, the past and the future, the hermetic and the diffuse – but also between liberation and oppression, the diaphanous and the cryptic, the sublime and the ridiculous, between entertainment and silence. The one obligatory link is Meyer-Veden's self-imposed restriction to accessible public spaces or rooms in the broadest sense of the word.
It is probably no coincidence that the present spatial compendium contains passing "concealed" images of the Warburg Institute library in Hamburg. Does this image not speak volumes in both senses? Fritz Saxl, who in his time was able to take over from Aby Warburg and continue and direct his library, once said in retrospect: "For Warburg the study of philosophy was inseparable from the so-called primitive mentality: neither could be seen in isolation from the study of pictorial forms in religion, literature and art. These ideas were expressed in the unorthodox arrangement of the books on the shelves."[3] Could it be that the present imaginary spatial library of photographic ethnologist or ethnological photographer Hans Meyer-Veden reflects – perhaps deliberately – a similarly "unorthodox arrangement" of images? The sad sight of a "non-space" underneath a stretch of motorway is combined with that of an abandoned dance-hall, the latent threat of an empty underground station with the baroque eloquence of a church interior, the gloom of a subterranean sewer disappearing into the darkness with the apparently boundless filigree of an ordinary greenhouse – when this happens the creator of these images is pursuing a highly concrete goal, by ceaselessly showing us that what are presumed to be "wrong journeys" are actually the right ones. "If we examine the internal composed quality (note: of the scenarios of the past) we may succeed in preserving something of their spirit."[4] The doubting hope expressed by historian Leonardo Benevolo in these words seems to have been a regular commitment for Hans Meyer-Veden as a photographic "searcher for clues": commitment to representing Hamburg's inner constitution, not for the sake of a superficial *l'art pour l'art* effect, but to preserve something of the spirit of this city in times of ultrarapid change and destruction. Here Meyer-Veden's eye has a crucial role to play.
"The *practised eye* adapts without conscious control to the way in which the sea moves or to strata and faults in rocks, it follows the flight path of the albatross unasked, just as the legs can follow the rhythm of a dance that we have practised till we are no longer aware of it. Perception of this kind is an encounter with the rest of the world. It can never be achieved by establishing facts, but only by the gesture of placing oneself inside the other ... For this reason alone perception cannot simply *establish*, because it anticipates in both the temporal and the logical sense."[5] As in these thoughts of Rudolf zur Lippe's, with the aid of his "practised eye" Hans Meyer-Veden combines the spatial conditions of yesterday, today and tomorrow in something like a time warp, in anticipation of a possible structural analysis of the "belly of Hamburg". As far as the qualities of the structures addressed are concerned, Rudolf zur Lippe again makes revealing points by stating that: "Structures are not suddenly there, they emerge, which means that they are precisely what a story has produced so far; they affect the possibilities and boundaries of continuation and change in precisely the same way as this story has produced them. And so correspondingly there are also the rhythms and refractions stored in the structure that have been created by continuing this story."[6] When we leaf through the pages of the present volume, do we not immediately gain the impression that Hans Meyer-Veden was in the same way trying to record a structural history of the subject "Hamburg from the inside" by using key refractions, rather than by presenting a bulging portfolio of beautiful-looking things? The surreal effect (which I have already addressed above) produced by the apparently chaotic "floating" of his images in time and space is thus nothing other than a convincing trick that is ultimately open to cultural and philosophical verification.
"Just as science has long since overcome the natural world view", said Max Bense decades ago, "so art has overcome the natural world view, with surrealism. The realm of reality is enlarged by realms that to a certain extent do not fall into the natural world view in either scientific or artistic terms. Objects and object-lining in this new realm of reality are presented with extreme existential relativity, to use Scheler's expression. They are given only in a surreal way. For if there is a possibility of defining every kind of surrealism, then it can only be by perceiving surreal reality as effectively existence-relative."[7] Is there really anything more apposite to the present volume than this term "existence-relative reality"?
But as soon as the term "reality" is heard, then there is inevitably a question of cultural historical aspects of the acquisition of reality, the

question of the truth content of such reality-acquisitions or questions about the modes of behaviour that can be derived from them. However, such complex questions should be addressed not for their own sake, but because they have intuitively accompanied Hans Meyer-Veden on his excursion through the "entrails of Hamburg" – indeed they may have led the way.

To answer the first and most simple question, it should be pointed out that there is a regular modern cultural and historical tradition that perceives built interiors and exteriors representationally as a means of acquiring reality. Thus in his major study *Architektur und Anschauung* Thomas Kellmann in my opinion quite rightly points out that Dagobert Frey was the first to sum up architecture as a means for the effortless acquisition of reality. "Like Sörgel before him", Kellmann continues, "who shifted actual aestetic enjoyment through concepts like 'spatial mood', 'spatial feeing', 'spatial experience' and 'spatial perception' into the act of perception, Frey too emphasizes the significance of the 'space-time relation' of subject and object."[8] In summing up, Kellmann later comes to the conclusion that in the 20th century in particular the extension of the notion of intuition, and thus the acqusition of reality using the example of architecture or of architectural spaces, can be understood particularly well. Meyer-Veden's sequence of images called "Hamburg Innen" (Hamburg Inside) is thus within the instructive tradition of the emancipation of the modern concept of space.

To the second question, about the truth content of such acqusitions of reality as they impinge upon us as viewers, and then those produced by the lens of a camera, there can be no definite answer. For the "appearance of reality", says a key contemporary humanities scholar, "always means destruction of the value, or destruction of the cultural work, that makes this truth accessible. For truth faces us with an impossible choice between absolute meaning and total meaninglessness, and both make the work superfluous. It is only in the ordering of signification that the hierarchy of values acquires its significance. And it is only in the ordering of the signifier that the question of the signifier, the present, the new, the up-to-date, the meaningful, the authentic, the direct can be asked ... Innovation does not involve revealing something that was hidden, it means revaluing the value of that which we have always seen and known."[9] And probably no-one will want to question the fact that in the present volume Hans Meyer-Veden scarcely does anything but "order signifiers" in a new way (even if in a surreal manner), and "revalue" things that have been there to be seen for a long time, in this case spaces, of course. Walter Benjamin pointed out, in a very trenchant metaphor about the attractions of gloomy spaces or spaces that are scarcely lit at all, that here too photographers can produce revaluations that effectively come from the outside, while at the same time turning the whole process of reality completely upside-down: "Arcades – they shone out into Paris in the Empire period like fairy grottoes. Anyone who went into the Passage des Panoramas in 1817 had gaslight sirens singing to him on one side and oil-flame odalisques beckoning on the other. When the electric lights blazed into life the irreproachable glow of these corridors was lost, they were suddenly harder to find, adopted a black magic of gateways and gazed into themselves from blind windows."[10] And the light in Meyer-Veden's photographs changes ceaselessly in the same way, apparently hurrying to and fro in a careful choreography of gaslight, chandeliers, spotlights and sunlight, sometimes plunging horizontally into the depths of the space, then vertically into staircase shafts, but never theatrically posed, always on the trail of a revalued urban reality.

The third and last question about the modes of behaviour that we urban users can ultimately derive from these changed realities is certainly the one that is most difficult to anwer. But this is not because Meyer-Veden's look at Hamburg from "inside" could not be compared with our view of things; it is quite simply because, ever since the "behavioural doctrines of the cold" – this was Helmut Lethen's phrase for protective modalities for the practice of urban life in the Weimar Republic that made the individuals less vulnerable – because since then perception and interpretation of the urban, or also precisely of its interiors, have been in a sorry state, that is to say have been the exception. Let us stay for a moment in the Weimar Republic, which is so contradictory in terms of our subject. For it was at this time that no less a person than Bertolt Brecht enjoined residents of and visitors to Hamburg alike to leave no signs of the practice of urban life:

"Leave your friend at the station.
Go into town in the morning with your jacket buttoned
Find somewhere to live, and if your friend knocks:
Do not, oh please do not open the door
Just
Cover your tracks!

If you happen to meet your parents in the city of Hamburg or anywhere else

Walk past like a stranger, go round the corner, do not acknowledge them.

Pull the hat they gave you down over your eyes.
Do not, oh please do not show your face
Just
Cover your tracks!

Eat any meat that is there! Do not stint yourself!
Go into every house, when it's raining, and sit down on every chair

But keep sitting down! And don't forget your hat!
I'm telling you:
Cover your tracks!

Whatever you say, don't say it twice.
If someone else repeats your idea, deny it.
A person who has signed nothing, who has not left his picture

Who wasn't there, who said nothing
Is hard to catch, is he not?
Cover your tracks!

If you're thinking of dying, be sure
That there is no tombstone to reveal where you're buried
With a clear inscription, naming you
And the year that death took you away!
I'll say it again:
Cover your tracks!

(That's what they told me.)

Helmut Lethen says that as a consequence of Brecht's words "new-objective behaviour theory (note: for handling the city, its spaces and its inhabitants) has reached a zero point at which it admittedly guarantees a maximum of mobility, so that at least a trace of something wiped off the tombstone indicates the rapidity of disappearance."[11] I feel that since then comparatively little has changed here, and people, as Meyer-Veden's photographs vividly show, have indeed left ever fewer traces in urban spaces; the self-confidence of the creatively observing urban flâneur has long been a thing of the past. Thus historian Susanne Hauser is certainly right when she says: "The self-confidence of observers who look at the city with their own eyes and clear rules for its use is lost: to reacquire this self-conficence the objects of perception must no longer be looked at only under the conditions of certain rules, they even have to be produced or acquired by means of visions."[12] Meyer-Veden's "Hamburg Innen" thus represents – and demonstrating this was one of the most important functions of my text for me – a quite extraordinary attempt to produce urban perception from the "belly of the city". And what makes this attempt superior to many others is the fact that Hans Meyer-Veden not only takes familiar, that is to say historical interiors in the broadest sense, as objects for his changed perception behaviour, but that he also uses a large number of "non-places" as objects for his ethnological *recherche curieuse*. But it is probably not by design that he makes the "non-place the space for super-modernism".[13] Thus the stations, warehouses, aircraft hangars, subways, shafts, tunnels and factories that give the impression that they have only just been left do not embody a conscious break or even a kind of antithesis to historically sacrosanct interiors; they are expansions of his concept of space that are implemented consistently in terms of both logic and creativity. Thus Hans Meyer-Veden succeeds, within the large general framework called "Hamburg Innen", in telling an abundance of further shorter stories; here he is obviously concerned to set the banal ad-hoc episode against the historic world design, the sequences of permanent repression, quite casually, against the heroic gesture, things that cannot acutally be expressed alongside superficial chatter. "Hamburg Innen" mutates into a contemporary morality painting, indeed into an epically organized "photographic novel" of a "city within the city".

Hans Meyer-Veden's consciously anti-consumer attitude is reminiscent of Giulio Carlo Argan's demand that one should firmly refuse the city as a consumer good or the city as a comprehensive information system with the purpose of regulating the largest possible consumption of information. "Therefore overall it is a matter", Argan remarks, "of retaining for or returning to the individual the ability to interpret and use the urban ambience in such a way that deviates from the implicit intentions in the organization of the plan, in short to give him the possibility of not being assimilated but reacting actively to the ambience ... The city is indisputably made up of things, but the way in which we see the things means that for our perception they are images, and one of these is life in the free and fluid transformation of the images, another in the overfilled, rigid, oppressive and sharp-edged dimension of things. This is the transition from the concreteness and hardness of things to mobility and fluidity of images. Even the freedom not to interpret only the thing as an image but also the image as a thing brings about an opening in the *conditio humana* that can enable ethical and political decisions on other planes."[14] This interpretative reversal recommended by Argan from "image-thing" to "thing-image" is illustrated most impressively for me in "Hamburg Innen" by the two pictures showing the broad, empty hall of the brickworks in the former concentration camp in Neuengamme. It is not the ambiguous *horror vacui* of the huge hall that is unnerving, but signs of the remains of the stand of an object, a thing, a support. And so it is traces of human "activities" in the space that are disturbing, having slipped apparently by chance into the foreground of one of the two photographs. Could these be signs of the foundations of an incinerator or other satanic installations? What then finally makes looking at the space into a tormenting event, because it absolutely forces the onlooker to adopt an active attitude, is the fact that the mysterious trace of a stand in the foreground of one of the images also "by chance" shows the ground plan of a cathedral, while the other photograph (always remembering the concrete content of the picture) allows an empty concrete socket to appear as it were suggestively as a scornful paraphrase of the altar in an archaic shrine. Analogously with the words of Argan, which I should like to repeat, the observer is given the possibility "of not being assimilated but reacting actively to the ambience". With "Hamburg Innen", Hans Meyer-Veden has succesfully produced one of the most independent and exciting expeditions through that labyrinthine spatial thicket that lurks everywhere behind the soothingly smooth façades of large cities, because it is to the same extent affirmative as well as existentially disturbing. "Hamburg Innen" thus self-confidently takes its place, although it is "only" a volume of photographs, in the imposing series of critical creative commentaries on big cities that have significance for the 20th century.

Frank R. Werner

Notes:

1 Max Bense, Technische Existenz, Stuttgart 1949, p. 191 ff.
2 Volker Klotz, Die erzählte Stadt, Munich 1969, p. 194.
3 Fritz Saxl, quoted in: Udo Kultermann, Geschichte der Kunstgeschichte, Munich 1990, p. 202.
4 Leonardo Benevolo, Fixierte Unendlichkeit, Frankfurt/New York 1993, p. 111.
5 Rudolf zur Lippe, Jenseits der Eskalation, in: N. Bergelt and H. Völckers (ed.), Zeit-Räume, Munich/Vienna 1992, p. 13 ff.
6 ibid., p. 102 ff.
7 Max Bense, Konturen einer Geistesgeschichte der Mathematik, Hamburg 1949, p. 181.
8 Thomas Kellmann, Architektur und Anschauung, Münster/Hamburg 1992, p. 138.
9 Boris Groys, Über das Neue, Munich/Vienna 1992, p. 13 ff.
10 Walter Benjamin, quoted in: R. Tiedemann (ed.), Walter Benjamin, Gesammelte Werke, vol. V-2, p. 172.
11 Helmut Lethen, Verhaltenslehren der Kälte zwischen den Kriegen, Frankfurt 1994, p. 172.
12 Susanne Hauser, Der Blick auf die Stadt, Berlin 1990, p. 225.
13 cf. here: Marc Augé, Orte und Nicht-Orte, Vorüberlegungen zu einer Ethnologie der Einsamkeit, Frankfurt 1994.
14 Giulio Carlo Argan, Kunstgeschichte als Stadtgeschichte, Munich 1989, p. 267 ff.

Rathaus Hamburg
Town Hall, Hamburg

Rathaus, Festsaal
Town Hall, ballroom

Slomanhaus, Baumwall

Slomanhaus, östlicher Eingang
Slomanhaus, east entrance

Versmannhaus, Mönckebergstraße 29–31
Versmannhaus, 29–31 Mönckebergstraße

Versmannhaus, Treppenhaus
Versmannhaus, staircase

16 | 17

Burstahhof, Großer Burstah 38
Burstahhof, 38 Großer Burstah

Burstahhof, Treppenhaus
Burstahhof, staircase

18 | 19

Personen
und Karren
T.U.A

Börsenhof, Börsenbrücke 2a
Börsenhof, 2a Börsenbrücke

Börsenhof, Treppenhaus
Börsenhof, entrance hall

Stellahaus, Rödingsmarkt

Stellahaus, Treppenhaus
Stellahaus, entrance hall

Zippelhaus, Zippelhaus 1–2
Zippelhaus, 1–2 Zippelhaus

Zippelhaus, Treppenhaus
Zippelhaus, entrance hall

Booth Steamship Co.
Union Castle Mail Steamship Co.
1857

Asia-Haus, Ost-West-Straße 49
Asia-Haus, 49 Ost-West-Straße

Asia-Haus, Treppenhaus
Asia-Haus, entrance hall

26 | 27

ASIA-HAUS
Eingang Zippelhaus
5. OG ARBEITSGEMEINSCHAFT LEVANTE P. STEEN
CONTINENT ISRAEL CONTINENT CONFERENCE
CONTINENT TURKEY CONTINENT CONFERENCE
NORTH EUROPE-EGYPT NORTH EUROPE CONFERENCE
4. OG
3.OG MARE Logistik & Spedition GmbH
2. OG MARE Logistik & Spedition GmbH
2.OG Horizonte
1. OG HANSEFRACHT
EG

Hindenburghaus, Großer Burstah 31
Hindenburghaus, 31 Großer Burstah

Hindenburghaus, Treppenhaus
Hindenburghaus, entrance hall

Verwaltungsgebäude der Hamburg-Amerika-Linie, HAPAG
Headquarters of the Hamburg-America-Line, HAPAG

HAPAG-Haus, Eingangshalle
HAPAG building, entrance hall

MEIN FELD IST DIE WELT

Chilehaus, Burchardplatz 1
Chilehaus, 1 Burchardplatz

Chilehaus, Treppenhaus
Chilehaus, entrance hall

32 | 33

Sprinkenhof, Burchardstraße 6–14
Sprinkenhof, 6–14 Burchardstraße

Sprinkenhof, Treppenhaus
Sprinkenhof, entrance hall

34 | 35

Laeiszhof, Trostbrücke 1
Laeiszhof, 1 Trostbrücke

Laeiszhof, Treppenhaus
Laeiszhof, staircase

2
1

Philipps-Levante-Haus, Mönckebergstraße 7
Philipps-Levante-Haus, 7 Mönckebergstraße

Philipps-Levante-Haus, Eingangshalle
Philipps-Levante-Haus, entrance hall

Hochbahnschleife Rübenkamp
Bend in the overhead railway at Rübenkamp

U-Bahnhof Saarlandstraße
Saarlandstraße underground station

Barmbek - Walddörfe
"Ich rauche

Hamburger Hauptbahnhof
Hamburg main station

Hamburg
D
14
D
13
D
355
2

U-Bahnhof Klosterstern
Klosterstern underground station

S-Bahnhof Othmarschen
Othmarschen S-Bahn station

S-Bahnhof Altona
Altona S-Bahn station

S-Bahnhof Landungsbrücken
Landungsbrücke S-Bahn station

U-Bahnhof Berliner Tor
Berliner Tor underground station

U-Bahnhof Messehallen
Messehallen underground station

U-Bahnhof Messehallen
Messehallen underground station

Bahnhof Jungfernstieg
Jungfernstieg station

U2 RICHTUNG NIENDORF GLEIS 5

Alter Elbtunnel, bei den St. Pauli Landungsbrücken
Old Elbe tunnel, near the St. Pauli landing stages

Alter Elbtunnel, Eingangsschacht
Old Elbe tunnel, entrance shaft

Bundesautobahn A 7, Altenwerder
Autobahn A 7, Altenwerder

Bundesautobahn A 7, Hamburg-Heimfeld – Stader Straße
Autobahn A 7, Hamburg-Heimfeld – Stader Straße

Jeder Hamburger braucht
ein frisches Blatt.
Hamburger Abendblatt
Wenn Sie's genau wissen wollen.

Lessingtunnel, Eisenbahn-Unterführung Hamburg–Altona
Lessing railway tunnel, Hamburg–Altona

Hamburg
hat auch
schöne Seiten.
FESTIVAL FOR THE MAS
SZENE
Jetzt neu!
Anfänger
lehrgänge
Rock'n Roll
APFELKORN SATT
BAD TASTE PARTY

Ehemalige Gasfabrik, Hamburg-Bahrenfeld, Gasstraße
Former gasworks, Hamburg-Bahrenfeld, Gasstraße

Regenwasser-Rückhaltebecken des Hamburger Siel-Systems,
Augustenburger Straße
Rainwater reservoir in the Hamburg sewerage system,
Augustenburger Straße

Abwasser-Siel, Hamburg-St. Pauli
Sewer, Hamburg-St. Pauli

Strömungsmodelle der Schiffbau-Versuchsanstalt Hamburg, Bramfelder Chaussee
Current models at the Hamburg Shipping Research Institute, Bramfelder Chaussee

Schiffbau-Versuchsanstalt Hamburg, Bramfelder Chaussee
Hamburg Shipping Research Institute, Bramfelder Chaussee

20
HSVA 3635-3321
18
16
10
9
HSVA 3479-1101
8
10
20
10
9

Kaispeicher B, Magdeburger Straße
Quay storage unit B, Magdeburger Straße

Oberhafen-Kantine, Oberbaum-Brücke
Upper harbour canteen, Oberbaum bridge

Schuppen 52, Türschürze
Shed 52, door apron

Schuppen 52, Australia-Kai
Shed 52, Australia quay

Entnahme von
Früchten
(auch Abfall)
verboten!

Schuppen 59, Windhuk-Kai
Shed 59, Windhuk quay

TRW
CAT

Isestraße, Hamburg-Eppendorf

Isestraße, Hamburg-Eppendorf

Isestraße, Hamburg-Eppendorf

Isestraße, Hamburg-Eppendorf

Isestraße, Hamburg-Eppendorf

Isestraße, Hamburg-Eppendorf

Isestraße, Hamburg-Eppendorf

Isestraße, Hamburg-Eppendorf

Friedensallee, Hamburg-Altona

Hauseingang in der Friedensallee, Hamburg-Altona
Entrance to a building in Friedensallee, Hamburg-Altona

HEW
HEW

Gose-Elbe, Hamburg-Kirchwerder, Vier- und Marschlande
Gose-Elbe, Hamburg-Kirchwerder, Vier- and Marschlande

Gewächshaus in den Vier- und Marschlanden, Hinter den Zäunen
Greenhouse in the Vier- and Marschlande, Hinter den Zäunen

Gasthaus Zollenspieker, Vier- und Marschlande
Zollenspieker inn, Vier- and Marschlande

Klinkerwerk des ehemaligen Konzentrationslagers Neuengamme
Brickworks in the former Neuengamme concentration camp

Klinkerwerk des ehemaligen Konzentrationslagers Neuengamme
Brickworks in the former Neuengamme concentration camp

Grundriß der ehemaligen Hauptsynagoge Bornplatz, heute Allendeplatz
Ground plan of the former main synagogue in Bornplatz, now Allendeplatz

Ruine der Synagoge des Israelitischen Tempel-Vereins, Pilatus-Pool
Ruins of the Israelite Temple Society synagogue, Pilatus-Pool

SE
BT 43
WL DX 754

Hauptkirche St. Michaelis, Englische Planke
Church of St. Michaelis, Englische Planke

Hauptkirche St. Katharinen, Grimm
Church of St. Katharinen, Grimm

335 1+6+7
206 1-3
232 1+4
10+11
207 2+3+7

Hauptkirche St. Jacobi, zwischen Steinstraße und Jacobikirchhof
Church of St. Jacobi, between Steinstraße and Jacobikirchhof

Pfarrkirche Niendorf, Niendorfer Marktplatz
Niendorf parish church, Niendorfer Marktplatz

Pfarrkirche St. Nicolai, Hamburg-Altengamme
Parish church of St. Nicolai, Hamburg-Altengamme

Hans Hilſcher
Anno 1796
Hans Brügman
Hans Hilſcher
Anno 1796

Pfarrkirche St. Severin, Hamburg-Kirchwerder
Parish church of St. Severin, Hamburg-Kirchwerder

Carsten Buhk

Hauptfriedhof Hamburg-Ohlsdorf
Main cemetery, Hamburg-Ohlsdorf

Hauptverwaltungsgebäude des Friedhofs Ohlsdorf
Main administrative building for Ohlsdorf cemetery

Altes Krematorium, Hamburg-Ohlsdorf, Alsterdorfer Straße
Old crematorium, Hamburg-Ohlsdorf, Alsterdorfer Straße

MIKE

Krematorium Hauptfriedhof Ohlsdorf
Crematorium, main cemetery, Ohlsdorf

St. Pauli-Theater, Hamburg-St. Pauli, Reeperbahn
St. Pauli-Theatre, Hamburg-St. Pauli, Reeperbahn

ARDEROBE
Winterwald (schön)

Musikhalle, Karl Muck-Platz

Deutsches Schauspielhaus, Kirchenallee

Hamburgische Staatsoper, Dammtorstraße
Hamburg Staatsoper, Dammtorstraße

Holi-Kino, Schlankreye
Holi cinema, Schlankreye

Die FABRIK, Hamburg-Altona, Barner Straße
The "Factory" FABRIK, Hamburg-Altona, Barner Straße

Mathilde
whole
band

Fischmarkt, Hamburg-Altona
Fish market, Hamburg-Altona

Fischauktionshalle, Große Elbstraße
Fish auction hall, Große Elbstraße

Kunstwissenschaftliche Bibliothek Warburg, Heilwigstraße

Vorlesungsgebäude der Universität Hamburg, Edmund Siemers-Allee
Hamburg University lecture building, Edmund Siemers-Allee

Großer Vorlesungssaal der Universität Hamburg, Edmund Siemers-Allee
Hamburg University lecture theatre, Edmund Siemers-Allee

Hochschule für bildende Künste Hamburg, Lerchenfeld

Hochschule für bildende Künste Hamburg, Treppenhaus
Hamburg Hochschule für bildende Künste, entrance hall

Museum für Hamburgische Geschichte, Holstenwall

Museum für Hamburgische Geschichte, Innenhof
Museum für Hamburgische Geschichte, inner courtyard

8

Deichtor-Hallen, Deichtormarkt
Deichtor halls, Deichtormarkt

Deichtor-Halle, Innenansicht
On of the Deichtor halls, interior view

Verwaltungsgebäude der Finanzbehörde, Gänsemarkt
Finance department offices, Gänsemarkt

Finanzbehörde, ehemalige Kassenhalle
Finance department buildung, former counter hall

132 | 133

Handwerkskammer, Holstenwall
Chamber of Crafts, Holstenwall

Handwerkskammer, Treppenhaus
Chamber of Crafts, staircase

Die Börse, Adolphsplatz
Stock Exchange, Adolphsplatz

Die Börse, östlicher Saal
Stock Exchange, east hall

Hanseatisches Oberlandesgericht, Sievekingplatz
Hanseatic Higher Regional Court, Sievekingplatz

Hanseatisches Oberlandesgericht, Eingangshalle
Hanseatic Higher Regional Court, entrance hall

Alsterarkaden

Alsterarkaden, Passage zum Neuen Wall
Alsterarkaden, passage leading to Neuer Wall

Alsterfleet
Alsterfleet, canal

Galleria

TEE-HANDELS-KON

Alstereinkaufszentrum, Poppenbüttel
Alster shopping centre, Poppenbüttel

Nicolas Scholz
WEISS

Verwaltungsgebäude der ehemaligen Margarinewerke Voss, Bramfelder Chaussee
Head office of the former Voss margarine factory, Bramfelder Chaussee

Verwaltungsgebäude der Techniker-Krankenkasse
Head office of the Techniker-Krankenkasse (health insurance scheme for technicians)

Verwaltungsgebäude der Deutschen Angestellten-Krankenkasse, Nagelsweg
Head office of the German public employees' health insurance company, Nagelsweg

Verwaltungsgebäude der Deutschen Angestellten-Krankenkasse, Innenhof
Head office of the German public employees' health insurance scheme, inner courtyard

Zürichhaus, Domstraße

Zürichhaus, Innenhof
Zürichhaus, inner courtyard

Neuer Dovenhof, Brandstwiete

Neuer Dovenhof, Innenhof
Neuer Dovenhof, inner courtyard

Fleethof, Stadthausbrücke
Fleethof, Stadthaus bridge

Fleethof, Innenhof
Fleethof, inner courtyard

Hanse-Merkur-Versicherung, Eingangshalle
Hanse-Merkur Insurance, entrance hall

Verwaltungsgebäude der Hanse-Merkur-Versicherung, Neue Rabenstraße
Head office of Hanse-Merkur Insurance, Neue Rabenstraße

Flughafen Hamburg, Empfangsgebäude
Hamburg airport, terminal building

Flughafen Hamburg, Empfangsgebäude
Hamburg airport, terminal building

Deutsche Lufthansa, Zentrum für Großraum-Flugzeuge
Deutsche Lufthansa, wide-bodied aircraft centre

Deutsche Aerospace Airbus, Montagehalle
Deutsche Aerospace Airbus, assembly shop

ZC
N521
N522
16

Seite 12
Das **Hamburger Rathaus** wurde im historisierenden Renaissancestil von den Architekten Martin Haller, Leopold Lamprecht, Bernhard Hanssen, Wilhelm Emil Meerwein, Wilhelm Hauers, Hugo Stammann, Gustav Zinnow, Johannes Grotjahn und Henry Robertson erbaut. Einer langen Planungsphase, ab 1854, folgte erst 1886 der Baubeginn. 1897 wurde das Rathaus fertiggestellt. Seine mächtige Größe (die Turmhöhe beträgt 112 Meter, die symmetrische Front hat eine Länge von 111 Metern) und seine städtebauliche Lage inmitten eines lebendigen Freiraums verleihen dem Bau eine besondere Präsenz.

Hamburg Town Hall was built in the historicist Renaissance style by architects Martin Haller, Leopold Lamprecht, Bernhard Hanssen, Wilhelm Emil Meerwein, Wilhelm Hauers, Hugo Stammann, Gustav Zinnov, Johannes Grotjahn and Henry Robertson. Building did not start until 1886, after a long planning phase starting in 1854. The Town Hall was completed in 1897. Its huge size (the tower is 112 metres high, and the symmetrical façade is 111 metres long), and its urban position in the middle of a lively open space give the building a particular presence.

Seite 14
Slomanhaus. Ecke Steinhöft 11/17 und Baumwall 3 befindet sich an einer besonders markanten Ecke der Hafenkante das 1908/09 von Martin Haller und Hermann Geißler erbaute Kontorhaus der Reederei Sloman. 1921 erhielt das Slomanhaus einen vom Architekten Fritz Höger entworfenen Anbau. Die Abbildung zeigt Eingangssituation und Treppenhaus dieses Gebäudeteils.

Slomanhaus. At the corner of 11/17 Steinhöft and 3 Baumwall is the Sloman shipping company office built by Martin Haller and Hermann Geissler at this particularly striking corner on the harbour edge in 1908/09. Architect Fritz Höger designed an extension for the Slomanhaus in 1921. The illustration shows the entrance and staircase of this part of the building.

Seite 16
Versmannhaus. Die Architekten Johann Gottlieb Rambatz und Wilhelm Jolasse erbauten 1910–12 das Versmannhaus in der Mönckebergstraße 29–31. Der mächtige Baukörper gegenüber dem Rathaus überspannt die Knochenhauertwiete.

Versmannhaus. Architects Johann Gottlieb Rambatz and Wilhelm Jolasse built the Versmannhaus at 29–31 Mönckebergstraße from 1910–12. The massive building opposite the Town Hall spans the Knochenhauertwiete.

Seite 18
Burstahhof. Am Großen Burstah wurde von den Architekten Bahre und Querfeldt 1887 der Burstahhof erbaut. Er ist das älteste erhaltene Kontorhaus Hamburgs.

Burstahhof. Architects Bahre and Querfeldt built the Burstahhof on the Großer Burstah in 1887. It is Hamburg's oldest surviving office building.

Seite 20
Börsenhof. Das Kontorhaus an der Börsenbrücke 2a wurde 1905/06 von A. Heidtmann erbaut.

Börsenhof. This office building at 2a Börsenbrücke was built by A. Heidtmann in 1905/06.

Seite 22
Stellahaus. Unübersehbar markiert an der Schaartorsbrücke das Stellahaus die Hafenseite des Stadtbildes. Es wurde 1922 von den Architekten Christian Zauleck und Franz Hormann erbaut.

Stellahaus. The Stellahaus is an unmistakable landmark on the harbour side of the cityscape by the Schaartorbrücke. It was built by the architects Christian Zauleck and Franz Hormann in 1922.

Seite 24
Zippelhaus. Am Zippelhaus 1–2 wurde 1890 von Heinrich Fitschen das Frachtenhaus erbaut. Es wurde im Krieg beschädigt und 1994 durch einen Neubau ergänzt.

Zippelhaus. This freight building was built at 1–2 Am Zippelhaus by architect Heinrich Fitschen in 1890. It was damaged in the war and completed by new building in 1994.

Seite 26
Asia-Haus. Eine bemerkenswerte Stilmischung von historisierenden Motiven und Jugendstilelementen ist das 1900 von Georg Radel erbaute Asia-Haus an der Ost-West-Straße 49. Dieses Gebäude wurde 1993 aufwendig renoviert.

Asia-Haus. The Asia-Haus at 49 Ost-West-Straße is a remarkable stylistic mixture of various historicist motifs and Jugendstil elements, built by Georg Radel in 1900. The building was renovated in 1993.

Seite 28
Hindenburghaus. Das Haus am Großen Burstah 31 wurde 1909/10 von den Architekten Karl Hiller und Otto Kuhlmann als Hotel erbaut. Nach dem ersten Weltkrieg wurde es in ein Kontorhaus umgebaut.

Hindenburghaus. This building at 31 Großer Burstah was built as a hotel by architects Karl Hiller and Otto Kuhlmann in 1909/10. It was converted into an office building after the First World War.

Seite 30
HAPAG-Haus. Das Verwaltungsgebäude der HAPAG, der Hamburg-Amerika-Linie, wurde 1900–03 von Martin Haller erbaut, erhielt aber 1919–21 eine zum Ballindamm gewandte, von Fritz Höger gestaltete neue Fassade. Ihre palastartige Architektur und die klassizistische, von den Architekten Elingius und Schramm 1928 entworfene Eingangshalle verleihen dem Gebäude ein besonders repräsentatives Aussehen.

HAPAG-Haus. The head office of HAPAG, the Hamburg-America Line, was built by Martin Haller in 1900–03, but was given a new façade on the Ballindamm side by Fritz Höger in 1919–21. Its palace-like architecture and neoclassical entrance hall designed by architects Elingius and Schramm in 1928 give the building a particularly prestigious quality.

Seite 32
Chilehaus. Das Chilehaus am Burchardplatz 1 dominiert das Kontor-

hausviertel mit dem Sprinkenhof, dem Meßberghof, dem Mohlenhof und dem Montanhof und ist mit seiner perspektivischen, einem gewaltigen Schiffsbug vergleichbaren Wirkung, seiner städtebaulichen und architekturgeschichtlichen Qualität eine ganz einmalige Bauleistung. Fritz Höger, der „Klinkersticker", hat dieses Haus von 1922 bis 1924 für die Firma Sloman, deren Geschäft der Import von Chile-Salpeter war, errichtet. 4 800 000 Ziegelsteine wurden für das Bauwerk verwendet.
Der Dichter Rudolf G. Binding nannte das Chilehaus eine „Machttat des Geistes, Spiel und Vollendung ungeheuren Gesichts, lachende, sieghafte Formung riesenhaften Gedankens, gewaltigstes, überraschendstes Denkmal eingeborener Kraft einer Stadt, eines Volkes".

Chilehaus. The Chilehaus at 1 Burchardplatz dominates the office quarter, including the Sprinkenhof, the Meßberghof, the Mohlenhof and the Montanhof, and its perspective effect, comparable with the prow of a large ship, and its urban, architectural and historical qualities make it a unique building achievement. Fritz Höger, the "brick embroiderer", erected this building from 1922 to 1924 for the Sloman company, whose business was importing salt-petre from Chile. The poet Rudolf G. Binding called the Chilehaus "deed of power by the spirit, the play and perfection of enormous vision, laughing victorious shaping of gigantic thought, the most powerful, most surprising monument to the inborn force of a city, of a people".

Seite 34
Sprinkenhof. Zwischen Burchardstraße und Altstädterstraße ist der Sprinkenhof das größte Hamburger Kontorhaus. In seiner sehr langen Bauzeit von 1927 bis 1943 wurde der Sprinkenhof von den Architekten Fritz Höger und Hans und Oscar Gerson erbaut.

Sprinkenhof. The Sprinkenhof, Hamburg's largest office building, is between Burchardstraße and Altstädterstraße. It was built by architects Fritz Höger and Hans and Oscar Gerson in a long building period from 1927 to 1943.

Seite 36
Laeiszhof. An der Trostbrücke 1, am Nicolaifleet, wurde 1897/98 für die Reederei Ferdinand Laeisz der Laeiszhof erbaut. Der Entwurf stammt von den Architekten Bernhard Hanssen, Wilhelm Emil Meerwein und Martin Haller. Das Treppenhaus und der Lichthof dieses Gebäudes haben eine sehenswerte, geradezu hanseatisch-maritime räumliche Anmutungsqualität.

Laeiszhof. The Laeiszhof was built at number 1 Trostbrücke, by the Nicolaifleet, for Ferdinand Laeisz's shipping company in 1897/98. The design is by architects Bernhard Hanssen, Wilhelm Emil Meerwein and Martin Haller. This building's staircase and light well have Hanseatic and maritime spatial quality which is most attractive, and certainly well worth seeing.

Seite 38
Philipps-Levante-Haus. In der Mönckebergstraße 7 wurde von den Architekten Franz Bach und Carl Bensel 1912/13 dieses Kontorhaus erbaut.

Philipps-Levante-Haus. Architects Franz Bach and Carl Bensel built this office building at 7 Mönckebergstraße in 1912/13.

Seite 40
U-Bahnhof Saarlandstraße. Die Haltestelle Saarlandstraße der „Hamburger Hochbahn" gehört zu der 1912 fertiggestellten städtischen Ringstrecke und bildet den Hauptzugang zum nahegelegenen Hamburger Stadtpark.

Saarlandstraße underground station. Saarlandstraße station on the "Hamburg elevated railway" is part of the city ring section completed in 1912 and is the principal means of access to Hamburg's nearby Municipal Park.

Seite 42
Hamburger Hauptbahnhof. Am Steintor wurde 1903 der von den Architekten Heinrich Reinhardt und Georg Süßenguth entworfene Hauptbahnhof erbaut. Vorbild für dieses Ingenieurbauwerk war die 1889 in Paris zur Weltausstellung entstandene „Galerie des Machines". Auf einer Grundfläche von etwa 120 x 200 Metern überspannt die Eisenkonstruktion eine Weite von fast 100 Metern.

Hamburg Main Station. The main station was designed by architects Heinrich Reinhardt and Georg Süßenguth and built by the Steintor in 1903. The model for this engineering building was the "Galerie des Machines" created for the 1889 World Fair in Paris. The iron construction, on an area of about 120 x 200 metres, spans a breadth of almost 100 metres.

Seite 44
U-Bahnhof Klosterstern. Im Stil des Art deco wurde 1929/30 die Hochbahnhaltestelle Klosterstern gebaut. Der Architekt Walter Puritz gestaltete diese Bahnsteighalle der Linie Jungfernstieg–Eppendorf.

Klosterstern underground station. Klosterstern station on the raised section of the line was built in 1929/30. Architect Walter Puritz designed this platform hall on the Jungfernstieg–Eppendorf line.

Seite 45
S-Bahnhof Othmarschen. Im Jahr 1882 wurde diese hölzerne Bahnsteigüberdachung des S-Bahnhofes Othmarschen gebaut.

Othmarschen S-Bahn station. This timber platform covering for Othmarschen station was built in 1882.

Seite 46
S-Bahnhof Altona. Bahnsteig der 1967 fertiggestellten, von Süden herangeführten neuen City-S-Bahn.

Altona S-Bahn station. Platform for the new City S-Bahn from the south, completed in 1967.

Seite 47
S-Bahnhof Landungsbrücken. Haltestelle der von 1963 bis 1967 gebauten City-S-Bahnlinie.

Landungsbrücken S-Bahn station. Stop on the City S-Bahn line built 1963–67.

Seite 48
U-Bahnhof Berliner Tor. Haltestelle der U-Bahnlinie Rathaus–Farmsen. Nach einem Entwurf des Architekten Rübcke 1966 fertiggestellt.

Berliner Tor underground station. Stop on the Rathaus-Farmsen underground line. Completed to a design by called architect Rübcke in 1966.

Seite 49
U-Bahnhof Messehallen.
Haltestelle der 1972 fertiggestellten U-Bahnlinie Schlump–Berliner Tor.

Messehallen underground station. Stop on the Schlump–Berliner Tor underground line completed in 1972.

Seite 50
U-Bahnhof Messehallen.

Messehallen underground station.

Seite 51
Bahnhof Jungfernstieg.

Jungfernstieg station.

Seite 52
Elbtunnel. Bei den St. Pauli-Landungsbrücken entstand 1907–11 der vom Amt für Ingenieurwesen geplante alte Elbtunnel. Mit einer Länge von 448,5 Metern verbindet er St. Pauli und Steinwerder. Die Schächte für den senkrechten Verkehr haben einen Durchmesser von 22 Metern. Die lichte Tunnelweite beträgt 4,7 Meter. Der auf der St. Pauli-Seite die Eingangsschächte überspannende pantheonartige Kuppelbau wurde von den Architekten Ludwig Raabe und Otto Wöhlecke entworfen.

Elbe tunnel. The old Elbe tunnel, planned by the Office of Engineering, was built by the St. Pauli landing stages in 1907–11. It is 448.5 metres long and connects St. Pauli and Steinwerder. The shafts for vertical traffic are 22 metres in diameter. The inside diameter of the tunnel is 4.7 metres. The pantheon-like domes structure over the entrance shafts on the St. Pauli side was designed by architects Ludwig Raabe and Otto Wöhlecke.

Seite 54
Bundesautobahn A 7. Die durch das Hafengebiet auf Säulen geführte Trasse der A 7 bei Altenwerder.

Autobahn A 7. The stretch of the A 7 supported on columns crossing the harbour area at Altenwerder.

Seite 55
Bundesautobahn A 7. Autobahnüberführung der Stader Straße in Hamburg-Heimfeld.

Autobahn A 7. The Stader Straße autobahn flyover in Hamburg-Heimfeld.

Seite 56
Lessingtunnel. Eisenbahn-Unterführung Hamburg–Altona.

Lessing tunnel. Hamburg-Altona railway tunnel.

Seite 58
Gasfabrik Daimlerstraße. Die etwa 30 x 80 Meter große Kohlenhalle des ehemaligen Gaswerkes der Stadt Altona. Die gesamte riesige Anlage klassischer Industrie-Architektur wurde 1896 in Betrieb genommen.

Daimlerstraße gasworks. The coal hall, about 30 by 80 metres of the former Altona town gasworks. This gigantic complex of classical industrial architecture was used from 1896.

Seite 59
Einstieg-Häuschen zum Stammsiel. 1842 erhielt Hamburg als erste deutsche Stadt eine moderne Kanalisation. Der englische Ingenieur William Lindley baute von 1899 bis 1904 ein Entwässerungssystem für die Gebiete links der Alster, zu dem man durch dieses Häuschen an den Vorsetzen hinabsteigen konnte.

Small entrance building to the Stammsiel (main sewer). Hamburg was the first German city to build a modern sewerage system in 1842. The English engineer William Lindley built a system of sewerage canals for the area on the left bank of the Alster from 1899 to 1904. One could descend to the sewerage system through this building on the Vorsetzen (street name).

Seite 60
Regenwasser-Rückhaltebecken des Hamburger Sielsystems, Augustenburger Straße.

Rainwater reservoir for the Hamburg sewerage system, Augustenburgstraße.

Seite 62
Strömungsmodelle der Schiffbau-Versuchsanstalt Hamburg. Bramfelder Chaussee.

Current models at the Hamburg Shipping Research Institute. Bramfelder Chaussee.

Seite 63
Schiffbau-Versuchsanstalt Hamburg. Bramfelder Chaussee.

Hamburg Shipping Research Institute. Bramfelder Chaussee.

Seite 64
Kaispeicher B. Am Brooktor wurde er 1878/79 als Kornspeicher gebaut. Heute wird er als Tee-Lagerhaus benutzt.

Quay storage unit B was built as a grain storage unit in 1878/79. It is now used for the storage of tea.

Seite 66
Oberhafenkantine. Am Oberhafen nahe der Speicherstadt wurde 1925 dieses Speiselokal erbaut. Die Inneneinrichtung der 30 qm großen Oberhafenkantine ist unverändert erhalten.

Upper harbour canteen. This restaurant was built on the upper harbour near the Speicherstadt in 1925. The canteen's interior décor has survived unchanged.

Seite 68
Schuppen 52. Die ältesten erhaltenen Kaischuppen 50 und 52 am Australiakai sind 1908–12 als Holzkonstruktionen gebaut worden. Die Türschürzen dienten zur Abdichtung der Rampentüren bei empfindlichem Lagergut.

Shed 52. The oldest surviving timber quay sheds, numbers 50 and 52 on the Australiakai, were built from 1908 to 1912. The door aprons sealed the loading doors when perishable goods were being stored.

Seite 70
Schuppen 59. Am Veddeler Damm/Windhukkai wurde 1930–32 in moderner Betongewölbe-Bauweise der Schuppen 59 fertiggestellt.

Shed 59. This was completed in the modern concrete building style on Veddeler Damm/Windhukkai in 1930–32.

Seite 72
Isestraße. Reich verzierte Giebel und aufwendig ausgestattete Hauseingänge kennzeichnen den hamburg-typischen Jugendstil der Isestraße in Hamburg-Eppendorf.

Isestraße. Lavishly decorated gables and ornately furnished entrances are typical Hamburg Jugendstil features of the Isestraße in Eppendorf.

Seite 80
Friedensallee Hamburg–Altona.

Seite 82
Gose-Elbe. In den Vier- und Marschlanden.
Gewächshaus Hinter den Zäunen. Vier- und Marschlande.

Gose-Elbe in the Vier- and Marschlande.
Greenhouse, Hinter den Zäunen (Behind the Fences) in the Vier- and Marschlande.

Seite 84
Gasthaus Zollenspieker. Auf Fundamenten aus dem 13. Jahrhundert wurde 1621 das Gebäude des Fährhauses Zollenspieker errichtet. Seitdem vielfach verändert, diente es seit der Jahrhundertwende als Ausflugslokal und ist wegen Baufälligkeit 1992 geschlossen worden.

Zollenspieker inn. The Zollenspieker ferry building dates from 1621 and stands on 13th century foundations. It has been much changed since then, was used as a destination for day trips from the turn of the century and was closed because the fabric was in need of repairs in 1992.

Seite 86
Klinkerwerk des ehemaligen Konzentrationslagers Neuengamme. Unter dem Decknamen Deutsche Erd- und Steinwerke GmbH errichtete die Reichsführung der SS 1938 am Neuengammer Heerweg ein Konzentrationslager. Im Klinkerwerk dieses KZ sollten die Backsteine für die nationalsozialistischen Großbauten eines „Neuen Hamburg" hergestellt werden. 106 000 Opfer der NS-Herrschaft wurden in Neuengamme inhaftiert, 55 000 sind hier oder in zahlreichen Außenlagern ermordet worden.

Brickworks in the former Neuengamme concentration camp. The SS built a concentration camp in Neuengammer Heerweg in 1938, under the cover name Deutsche Erd- und Steinwerke. The camp brickworks was intended to produce bricks for the giant Nazi buildings of a "New Hamburg". 106,000 victims of Nazi rule were held in Neuengamme, and 55,000 were murdered here or in numerous external camps.

Seite 88
Ehemalige Hauptsynagoge Bornplatz. In der Reichskristallnacht 1938 wurde die große Hauptsynagoge durch Brandstiftung zerstört und 1939 vollständig abgerissen. 1988 wurde auf der Platzfläche des heutigen Allendeplatz der Grundriß der ehemaligen Synagoge nachgebildet.

Former Main Synagogue at Bornplatz. This large synagogue was destroyed by arson on Kristallnacht in 1938 and completely pulled down in 1939. The ground plan of the former synagogue was drawn in the present Allendeplatz in 1988.

Seite 89
Ruine der Synagoge des Israelitischen Tempel-Vereins. In der Ruine der 1844 erbauten Tempel-Synagoge an der Poolstraße 12–13 befindet sich heute eine Autowerkstatt. Durch einen Neubau an der Oberstraße wurde diese Synagoge 1931 ersetzt und profanisiert und 1944 durch Bombeneinwirkung zerstört.

Ruins of the Israelite Temple Society synagogue. A car workshop is currently to be found in the ruins of the 1844 synagogue in Poolstraße. The synagogue was replaced and secularized by a new building in Oberstraße in 1931, and destroyed in an air-raid in 1944.

Seite 90
Hauptkirche St. Michaelis. Das Wahrzeichen Hamburgs, der „Michel", wurde 1751–62 von den Architekten Johann Leonhard Prey und Ernst Georg Sonnin an der Englischen Planke erbaut.

Church of St. Michaelis. The "Michel", the symbol of Hamburg, was built in Englische Planke in 1751–62 by architects Johann Leonhard Prey and Ernst Georg Sonnin.

Seite 92
Hauptkirche St. Katharinen. Die Kirche St. Katharinen am Zollkanal wurde urkundlich zuerst 1256 erwähnt. Sie ist im letzten Weltkrieg durch Bomben zerstört und 1950–57 von den Architekten Bernhard Hopp und Rudolf Jäger rekonstruiert worden.

Church of St. Katharinen. The church of St. Katharinen on the Zollkanal was first mentioned in records in 1256. It was destroyed in an air-raid in the Second World War and rebuilt in 1950–57 by architects Bernhard Hopp and Rudolf Jäger.

Seite 94
Hauptkirche St. Jacobi. Mit dem Bau von St. Jacobi wurde um 1340 begonnen. 1944 brannte die Kirche aus und wurde 1951–63 von den Architekten Bernhard Hopp und Rudolf Jäger wiederaufgebaut.

Church of St. Jacobi. Work started on St. Jacobi in about 1340. The church burned down in 1944 and was rebuilt from 1951 to 1963 by architects Bernhard Hopp and Rudolf Jäger.

Seite 96

Pfarrkirche Niendorf. Am Niendorfer Marktplatz baute Heinrich Schmidt 1770 diese Pfarrkirche. Die barocke Innenausstattung ist vollständig erhalten.

Niendorf parish church. Heinrich Schmidt built this church on Niendorfer Marktplatz in 1770. The baroque interior has survived intact.

Seite 98

Pfarrkirche St. Nicolai. Hamburg-Altengamme. 1247 wurde St. Nicolai in den Vierlanden urkundlich zum erstenmal erwähnt. Innenraum und Innenausstattung stammen aus dem 18. Jahrhundert.

Parish church of St. Nicolai. Hamburg Altengamme. St. Nicolai in the Vierlande was first mentioned in records in 1247. The interior and furnishings date from the 18th century.

Seite 100

Pfarrkirche St. Severin. Hamburg-Kirchwerder. Auf den Resten einer Feldsteinkirche aus dem 13. Jahrhundert ist St. Severin 1785–91 neu erbaut worden. Das Gestühl der Inneneinrichtung stammt von 1790. Die reichbestickten Stuhlkissen sind Eigentum der Kirchgänger. Ihre alten Originale befinden sich im Museum des Bergedorfer Schlosses.

Parish church of St. Severin. Hamburg Kirchwerder. St. Severin was rebuilt in 1785–91 on the remains of a 13th century stone church. The pews in the interior date from 179. The lavishly embroidered cushions are the property of the churchgoers. The old originals are to be found in the Bergedorf Schloss museum.

Seite 102

Hauptfriedhof Ohldorf. Einer der größten Friedhöfe der Welt.

Main cemetery in Ohlsdorf. One of the largest cemeteries in the world.

Seite 103

Hauptverwaltungsgebäude des Friedhofs Ohlsdorf. Wilhelm Cordes baute von 1911 bis 1914 das Verwaltungsgebäude des Friedhofs.

Main administrative building for Ohlsdorf cemetery. Wilhelm Cordes built these cemetery offices from 1911 to 1914.

Seite 104

Altes Krematorium Ohlsdorf. Alsterdorfer Straße. Für die ab 1892 in Hamburg durchgeführte Feuer-Bestattung wurde an der Alsterdorfer Straße dieses erste Leichenverbrennungs-Gebäude errichtet.

Old Ohlsdorf crematorium. Alsterdorfer Straße. This first building for the disposal of corpses by fire was built when cremation started to be done in 1892.

Seite 106

Krematorium Ohlsdorf. Nach einem Entwurf von Fritz Schumacher wurde 1930–32 das neue Krematorium für den Friedhof Ohlsdorf erbaut. Die Gesamtfläche des Friedhofs beträgt 405 ha. Seit 1877 sind etwa 1,3 Millionen Menschen in Ohlsdorf beerdigt worden.

Ohlsdorf crematorium. The new crematorium was built to a design by Fritz Schuhmacher in 1930–32. Ohlsdorf covers an area of 405 hectares at the time of writing. About 1.3 million people have been buried in Ohlsdorf since 1877.

Seite 108

St. Pauli-Theater. Spielbudenplatz 29–30. Das älteste bestehende Theater Hamburgs. Die Innenausstattung stammt von 1840, die Fassade ist 1898 von Franz Jacobssen gestaltet worden.

St. Pauli Theatre. 29–30 Spielbudenplatz. Hamburg's oldest theatre. The interior dates from 1840, the façade was designed by Franz Jacobssen in 1898.

Seite 110

Musikhalle. Die Architekten Martin Haller und Wilhelm Emil Meerwein erbauten 1904–08 am Karl Muck-Platz aus Mitteln der Laiesz-Stiftung die Musikhalle.

Musikhalle. Architects Martin Haller and Wilhelm Emil Meerwein built the Musikhalle in Karl Muck-Platz with funds from the Laeisz-Stiftung in 1904–08.

Seite 112

Deutsches Schauspielhaus. Kirchenallee. Das Schauspielhaus, das größte deutsche Sprechtheater, ist 1900 von den Architekten Ferdinand Fellner und Hermann Helmer erbaut worden.

Deutsches Schauspielhaus. Kirchenallee. The Schauspielhaus is the largest German straight theatre; it was built by architects Ferdinand Fellner and Hermann Helmer in 1900.

Seite 114

Hamburgische Staatsoper. Dammtorstraße. Der Wiederaufbau des im Krieg zerstörten Theaters wurde 1953–55 vom Architekten Gerhard Weber ausgeführt.

Hamburg Staatsoper. Dammtorstraße. The theatre was destroyed in the war and rebuilt from 1953 to 1955 by architect Gerhard Weber.

Seite 116

Holi-Kino. Schlankreye. Das Holi-Kino wurde 1952 eingerichtet. Der Bühnenvorhang von Wilfried Haase und Herbert Rose wurde 1988 restauriert.

Holi cinema. Schlankreye. The Holi cinema dates from 1952. The stage curtain by Wilfried Haase and Herbert Rose was restored in 1988.

Seite 118

Die Fabrik. Barner Straße, Hamburg-Altona. Aus einer 1889 erbauten Maschinenfabrik wurde im Jahre 1971 das Kommunikationszentrum der heute sogenannten „Fabrik" umgebaut. Nach einem Brand 1977 wurde die alte Holzkonstruktion durch Neubau ersetzt.

Die Fabrik. Barner Straße, Hamburg-Altona. A former machine factory built in 1889 was converted into the communications centre known as "Die Fabrik" in 1971. The old timber structure was replaced by a new building after a fire in 1977.

Seite 120
Fischauktionshalle. Große Elbstraße. An der Hafenkante in Hamburg-Altona wurde 1896 die große Fischauktionshalle erbaut. Sie wurde 1984 von dem Architekten Günter Talkenberg restauriert.

Fish auction hall. Große Elbstraße. The large fish auction hall was built on the harbour edge in Altona in 1896. It was restored by architect Günter Talkenberg in 1984.

Seite 122
Kunstwissenschaftliche Bibliothek Warburg. Heilwigstraße. 1926 im Auftrage von Professor Aby Warburg vom Architekten Gerhard Langmaak erbaut. 1995 von Dieter Langmaak neu eingerichtet.

Kunstwissenschaftliche Bibliothek Warburg. Heilwigstraße. Commissioned by Professor Aby Warburg from architect Gerhard Langmaak, who built it in 1926. Refurbished by Dieter Langmaak in 1995.

Seite 124
Vorlesungsgebäude und Vorlesungssaal der Universität Hamburg. Edmund Siemers-Allee. Die Hamburger Universität wurde erst 1919 gegründet. Ihr Hauptgebäude wurde von den Architekten Distel und Grubitz 1909–11 erbaut.

Lecture building and lecture theatre in Hamburg University. Edmund Siemers-Allee. The university was not founded until 1919. Its main building was built by architects Distel and Grubitz from 1901 to 1911.

Seite 126
Hochschule für bildende Künste Hamburg. Am Lerchenfeld 2 wurde 1911–13 die Staatliche Kunstgewerbeschule, die heutige Hochschule für Bildende Künste, erbaut. Der Architekt dieses Gebäudes war Fritz Schumacher. Die Glasfenster der in der Abbildung gezeigten Eingangshalle wurden von C. Otto Czeschka gestaltet. Die Entwürfe für den Wiederaufbau der im Kriege teilweise zerstörten Hochschule stammen vom Architekten Gustav Hassenpflug.

Hochschule für bildende Künste Hamburg. The Staatliche Kunstgewerbeschule (Arts and Crafts), the current Hochschule für bildende Künste (Fine Art), was built at 2 Lerchenfeld from 1911 to 1913. Fritz Schumacher designed this building. The glass windows in the entrance hall shown in this illustration were desgignet by C. Otto Czeschka. Designs for rebuilding the college, which was partially destroyed in the war, were by architect Gustav Hassenpflug.

Seite 128
Museum für Hamburgische Geschichte, Holstenwall. Ebenfalls von Fritz Schumacher, dem damaligen Hamburger Oberbaudirektor, ist der Entwurf für das Museum für Hamburgische Geschichte. Der Bau wurde 1922 fertiggestellt.

Museum für Hamburgische Geschichte. Holstenwall. Fritz Schumacher, Hamburg's Director of Building at that time, also designed this Hamburg museum. The building was completed in 1922.

Seite 130
Deichtor-Hallen. Die beiden Hallen des früheren Frucht- und Gemüsemarktes wurden nach einer umfangreichen Sanierung 1989 einer neuen Nutzung als Ausstellungszentrum übergeben. Die südliche Halle (abgebildet) überdeckt 2370 qm, die nördliche Halle 1800 qm Grundfläche.

Deichtor-Hallen. The two former fruit and vegetable market halls were extensively refurbished as exhibition halls in 1989. The south hall (pictured here), covers an area of 2370 square metres, the north hall 1800 square metres.

Seite 132
Verwaltungsgebäude der Finanzdeputation. Gänsemarkt. 1926 wurde das Gebäude der Finanzbehörde fertiggestellt. Der Architekt des Hauses war Oberbaudirektor Fritz Schumacher. Die Abbildung auf Seite 122 zeigt die ehemalige Kassenhalle.

Finance department offices. Gänsemarkt. This building for the finance department was completed in 1926. The architect was Building Director Fritz Schumacher. The illustration on page 122 shows the former counter hall.

Seite 134
Handwerkskammer. Holstenwall 12. Das frühere Gewerbehaus wurde von 1912 bis 1915 nach Entwürfen von Fritz Schumacher erbaut. Die Abbildung auf Seite 124 zeigt das Treppenhaus des Innungstraktes.

Chamber of Crafts. 12 Holstenwall. This former commercial building was built from 1912 to 1915 by Fritz Schumacher. Illustration 124 shows the staircase in the interior.

Seite 136
Die Börse. Adolphsplatz. An der Rückseite des Hamburger Rathauses entstand von 1854 bis 1884 die neue Börse. Sie wurde von den Architekten Carl Ludwig Wimmel und Franz Gustav Forsmann entworfen.

The Stock Exchange. Adolphsplatz. The new Stock Exchange was built behind Hamburg Town Hall between 1854 and 1884. It was designed by architects Carl Ludwig Wimmel and Franz Gustav Forsmann.

Seite 138
Hanseatisches Oberlandesgericht. Sievekingplatz. Das Gebäude des Hanseatischen Oberlandesgerichts wurde von den Architekten Werner Lundt und Georg Kallmorgen geplant. Neben dem Ziviljustiz- und dem Strafjustizgebäude wurde das Haus 1912 fertiggestgellt.

Hanseatic Higher Regional Court. Sievekingplatz. This court building was planned by architects Werner Lundt and Georg Kallmorgen. The building by the Civil and Criminal Justice buildings was completed in 1912.

Seite 140
Alsterarkaden. An der Kleinen Alster wurden nach Entwürfen von Alexis de Chateauneuf die Alsterarkaden erbaut. Eine 1994 wiederhergestellte Passage bildet einen Durchgang zum Neuen Wall.

Alsterarkaden. The Alsterarkaden on the Kleine Alster were built to designs by Alexis de Chateauneuf. An arcade restored in 1994 provides a thoroughfare to the Neuer Wall.

Seite 142
Alsterfleet.

Alsterfleet, a canal.

Seite 143
Galleria. Große Bleichen. Als Ladenpassage zwischen den Großen Bleichen und dem Alsterfleet wurde von 1978 bis 1983 die Galleria von den Architekten H. Ruppert und R. und T. Haussmann erbaut.

Galleria. Große Bleichen. The Galleria was built by architects H. Ruppert and R. and T. Haussmann from 1978 to 1983 as a shopping arcade between the Große Bleichen and the Alsterfleet.

Seite 144
Alstereinkaufszentrum. Poppenbüttel.

Alster shopping centre. Poppenbüttel.

Seite 146
Verwaltungsgebäude der ehemaligen Margarinefabrik Voss. Bramfelder Chaussee 140. 1925/26 von den Architekten Henry Grell und Peter Pruter entworfen.

Head office of the former Voss margarine factory. 140 Bramfelder Chaussee. Designed by architects Henry Grell and Peter Pruter in 1925/26.

Seite 147
Techniker-Krankenkasse. Der große Gebäudekomplex der Techniker-Krankenkasse wurde auf dem Gelände der ehemaligen Margarinewerke Voss unter Einbindung des erhaltenen Verwaltungsgebäudes der Firma Voss 1989 von den Architekten Graaf, Schweger und Partner erbaut.

Techniker-Krankenkasse. The large complex for the Technicians' Health Insurance Scheme was built on the former Voss margarine factory site including the surviving Voss office building by architects Graaf, Schweger and Partner in 1989.

Seite 148
Verwaltungsgebäude der Deutschen Angestelltenkrankenkasse. Nagelsweg. Erbaut 1993. Architekt: Schierenbeck. Die Abbildung zeigt einen der Lichthöfe des Gebäudes.

Head office of the German Public Employees' Health Insurance Scheme. Nagelsweg. Built in 1993, architect: Schierenbeck. The illustration shows one of the light wells.

Seite 150
Zürich-Haus. Domstraße. Fertigstellung 1994. Architekten: gmp, von Gerkan, Marg und Partner.

Zürich-Haus. Domstraße. Completed in 1994. Architects: gmp, von Gerkan, Marg and Partners.

Seite 152
Neuer Dovenhof. Brandstwiete, 1994. Architekten: Kleffel, Köhnholdt und Gundermann.

Neuer Dovenhof. Brandstwiete. 1994, architects: Kleffel, Köhnholdt and Gundermann.

Seite 154
Fleethof. Stadthausbrücke, 1994. Architekt: Bernhard Winking.

Fleethof. Stadthausbrücke. 1994, architect: Bernhard Winking.

Seite 156
Verwaltungsgebäude der Hanse-Merkur-Versicherung. Neue Rabenstraße, 1994. Architektengruppe A. P. B., Belsert, Findeisen, Galedary, Grossmann-Hensel, Wilkens.

Head office of Hanse-Merkur Insurance. Neue Rabenstraße, 1994. Architects group A. P. B., Belsert, Findeisen, Galedary, Grossmann-Hensel, Wilkens.

Seite 158
Flughafen Hamburg. Empfangsgebäude. Architekten: gmp, von Gerkan, Marg und Partner, 1993.

Hamburg airport, terminal building, 1993. Architects: gmp, von Gerkan, Marg and Parnters.

Seite 159
Deutsche Lufthansa. Hamburg-Fuhlsbüttel, Zentrum für Großflugzeuge. Das Überholzentrum für Großraumflugzeuge wurde 1992 in Betrieb genommen. Die große Halle überspannt eine Grundfläche von 140 x 112 qm.

Deutsche Lufthansa. Hamburg-Fuhlsbüttel. Wide-bodied aircraft centre. The overhaul centre for wide-bodied aircraft came in service in 1992. The hall covers a ground surface of 140 x 112 square metres.

Seite 162
Deutsche Aerospace. Hamburg-Finkenwerder. Montagehalle.

Deutsche Aerospace. Hamburg-Finkenwerder, assembly shop.